En nyfiken försmak

En försmak av Solroscoachens självkunskapsböcker

av Sofie Solroscoachen

Korrekturläsning: Lina Vennerberg

Förlag: BoD · Books on Demand, Stockholm, Sverige
Tryck: Libri Plureos GmbH, Hamburg, Tyskland

ISBN: 978-91-8080-061-7

En nyfiken försmak

En försmak av Solroscoachens självkunskapsböcker

Introduktion

Välkommen till en nyfiken försmak av Solroscoachens självkunskapsböcker och självkunskapskurser. Det känns underbart att du har ett ökat intresse för självutveckling. Här får du en försmak av mina böcker, som är skrivna till just dig som vill arbeta med din självutveckling i din egen takt.

I över 40 år har jag varit fascinerad av människors olikheter och egenheter. Nu vill jag dela med mig av min kunskap som jag lyckats samla på mig under dessa år. Mer än 40 års sökande efter att förstå alla människor jag mött. I mina böcker delar jag med mig av min kunskap som jag samlat på mig genom livet, min professionella karriär, genom möten (inspiratörer, professioner inom personlig utveckling och medmänniskor) och några samband som jag hittat mellan olika teorier. I denna bok ska jag försöka skriva lite kring varje ämne, för att du ska kunna känna efter om mina böcker eller kurser är just för dig.

Det är alltid rätt tidpunkt att påbörja en inre, personlig resa och skapa möjlighet att kunna växa som person. Dessa böcker kan hjälpa dig att komma igång. Du kommer att öppna nya dörrar som i sin tur gör att du påbörjar nya processer. Böckerna är skrivna för att få dig att reflektera och komma ihåg dig själv i allt brus som finns omkring oss. I slutet av varje kapitel finns det därför frågor som du ska använda dig av och reflektera kring. Bokserien är skriven för att du ska få en chans att påbörja din inre resa, på egen hand, i din egen takt och utan att behöva boka in någon personlig coachning. Vill du fördjupa dig ytterligare i varje ämne kan du köpa kursen som finns till just den boken som intresserar dig. Väljer du att gå kursen kommer du att få boken och ett häfte med fördjupningsfrågor/uppgifter för dig att träna på. Självklart är du välkommen att boka in coachning för att nå lite längre eller om du kör fast. Samma sak om du vill fördjupa dig i något eller om du känner att du bara vill ha stöd längs vägen.

Det viktiga för mig är att du blir mer du, inte mer mig. Det viktiga för dig är att du hela tiden utgår från dig själv och speglar dig själv i allt. Det är inte alltid så enkelt som det kan låta, det kan vara väldigt svårt ibland då vi är påverkade av vår miljö, uppväxt och alla samhällsnormer som vi tar med oss. Ta dig därför extra tid att reflektera över varje fråga, försök känna efter om det verkligen är ditt innersta jag som svarar och inte en norm eller någon annan persons vilja som du projicerar. Ställ gärna frågan varför du tycker som du gör, vad det är som är viktigt för dig i just den frågan.

Jag önskar dig nu en fantastisk inre resa. Kom ihåg att det är genom att ändra dina små vanor som du skapar förändring!

Bjud in glädjen i ditt liv

Visste du att du tar ett tryggare och stabilare beslut när du är glad? Är du intresserad av personlig utveckling och vill växa som person, då är glädjen ett viktigt redskap för dig att använda. När du kan hantera glädjen blir din inre personliga resa inte lika tung.

Börja med att fundera över i vilka tillstånd du tar ett bra och långsiktigt beslut. Jag tror inte att du behöver fundera särskilt länge innan du kommit fram till att det är när du känner dig lugn, trygg, utvilad och kanske i kärleksfull kontakt med dig själv? Eller känner du att du tar bättre beslut när du är irriterad, arg, hungrig, stressad eller känner dig helt slut och i stort behov av att vila?

När vi känner oss glada, lugna och trygga och autentiska (när vi är oss själva fullt ut), det är då vi tar som bäst beslut.

Låt oss titta på hur du styr din vardag idag.
Om du tänker tillbaka på de senaste veckorna. Vilket är det humör du oftast går omkring med? Har du varit glad, ledsen, arg, stressad eller något annat? Vilken känsla är det som du oftast befinner dig i? Är det sorg, skam, glädje, kärlek, längtan

eller någon annan känsla som härskar? Vilka tankar har du oftast, är de positivt eller negativt laddade? Använder du snälla eller taskiga ord mot dig själv i dina tankar? När du pratar med vänner, kollegor, grannar, familjen eller andra i din omgivning, är det oftast positivt eller negativt laddade meningar du säger? Händer det att du går omkring med ett triggat sinne redan när du träffar någon? Eller är det så att du ganska regelbundet känner att det kommer bli en bra dag idag, och att du är peppad inför en händelse eller ett möte som kommer?

Allt detta styr din grundkänsla. Grundkänslan gör att du bygger upp eller raserar din energi, glädje och möjligheten till att ta bra beslut. Den styr även din motståndskraft. Alltså hur du klarar av att möta dagens utmaningar. Har du ett lugnt, stabilt och glatt sinne har du skapat bättre möjligheter för att kunna ta bra och långsiktiga beslut. Du har möjlighet att kunna hantera dagens utmaningar på ett lugnt och tryggt sätt. Du kommer även att bygga starkare relationer och minska risken för ångest. Som grädde på moset i detta får du även bättre energi under dagen.

Var behöver du befinna dig när du tar ett beslut? Om du fortsätter att ta beslut i samma sinnesstämning som idag, då kommer ditt liv fortsätta se ut som det gör idag. Var vill du vara i framtiden? Hur vill du må och hur vill du hantera motgångar? Det känslotillstånd du önskar i framtiden ska du befinna dig i även när du fattar beslut, det är det tillståndet som styr var du hamnar.
Gör dig själv en tjänst! Försök, så långt det är möjligt, att alltid befinna dig på rätt plats i tankar och känslor när du tar ett beslut. Då skapar du bättre förutsättningar för framtiden. Känner du att det är svårt att uppnå ditt önskade tillstånd? Ta hjälp av

någon som antingen kan hjälpa dig hamna rätt eller som kan hjälpa dig att reflektera.

Ta tillbaka makten över glädjen och börja ta stabilare beslut kring din framtid. Vem är egentligen kapten på ditt skepp?

I denna bok får du läsa om hur du tar tillbaka makten i ditt liv och kan bli den glädjegenerator som du behöver. Här kommer verktygen och kunskapen för att förstå hur du ska göra. Första boken handlar om att bemästra glädjen.
Det är här din resa börjar. Läs boken eller köp kursen för att fördjupa dig mer.

<u>Övningar till Bjud in glädjen i ditt liv:</u>
I vilket mentalt tillstånd tar du bra beslut?

I vilket mentalt tillstånd tar du dåliga beslut?

I vilket mentalt tillstånd tar du oftast beslut idag?

Ger du dig själv tid idag för att skapa det mentala tillstånd du vill för att fatta ett bra och långsiktigt beslut?

Vilket känslomässigt tillstånd är du oftast i?

När du tänker, är dina tankar positivt eller negativt laddade?

När du pratar, är dina påståenden positivt eller negativt laddade?

Känner du att du har bra eller dåligt med energi genom en

vanlig dag i ditt liv?

Vad triggar dig? (Sådant som gör dig på dåligt humör)

Vad taggar dig? (Sådant som du brinner för)

Vilken grundkänsla skulle du helst vilja ha?

Är du i den känslan du vill vara, ofta?

Vad kan du göra för att öka ditt önskade tillstånd?

Känslor och tankar i en salig röra

Känner du att tankarna bara åker omkring och det är svårt att få grepp om dem? Ibland är det svårt att separera tankar, känslor och fakta. Ibland kan det även vara svårt att separera vad som är vår primära känsla och vad som är en sekundär känsla. Ett vanligt tillfälle när detta händer är när vi bär på sorg. Sorg kan ta sig uttryck på många olika sätt, ibland kan vi gå omkring med ilska, som en biverkan på vår sorg. Ibland är det helt enkelt så att vi upplever en biverkan (sekundär känsla) på vår egentliga känsla (primära känsla).

Ett tillfälle som kan vara viktigt att förstå att vi agerar annorlunda är när vi befinner oss i akuta situationer. När du är med om något akut går du igenom olika faser och kan bete dig väldigt underligt för gemene man. Det är också viktigt att förstå att du kan agera olika vid olika händelser. Den ena händelsen behöver inte vara den andra lik.
Jag kan personligen säga att jag i stort sett alltid hamnar i ett läge där jag stänger av alla känslor och blir extremt praktisk när jag är med om något akut. Det kan uppfattas som väldigt underligt för vissa personer. Jag är så pass medveten om det att jag till och med kan förmedla det, när det händer. Ett praktexempel på detta var på mitt bröllop. Där dog en av mina

närmaste vänner i princip i knät på mig. När ambulans och polis lämnat platsen insåg jag att jag stod där med ett gäng chockade gäster som jag kände att jag behövde ta hand om. I det läget kände jag att jag måste berätta för mina gäster att jag befann mig i chock och vad det innebär för mig. Alla känslor var avstängda och jag agerade rent praktiskt, gjorde det som behövde göras för stunden. Där satt jag klockan 2 på natten på min bröllopsfest och hade krishantering för mina gäster, eftersom att min bästa vän just dött i min famn.
För många kan detta tillstånd vara väldigt underligt om man inte känner till dessa olika faser. Det finns lite olika saker som chocken kan göra med oss. Att börja agera rent praktiskt och stänga av sina känslor, som jag gör, är en av dessa.

Vad är egentligen fakta?
Faktan i din upplevelse är det som faktiskt har hänt. Om du säger "Han var arg", är det inte fakta, om inte den personen själv sagt att han är arg. Faktan är de saker som du kunnat se eller höra i situationen, när du tolkar att han är arg. Till exempel kan det vara att han höjde rösten, gjorde stora gester, drog ner ögonbrynen, hade spända käkar, knöt näven och hytte med den och så vidare. Men det är ingen fakta att han var arg om han inte själv har sagt det. Det är din tolkning av det som har hänt. Fakta är sådant som alla kan se och inte något som du tolkar. Att något är stort, litet, snabbt, långsamt och så vidare, det är dina tolkningar och inte fakta för någon annan. Men om du använder det i relation till något, då kan det beskriva faktan. Till exempel att "Bilen körde snabbare än traktorn", då blir det fakta. Men om du säger att "Bilen körde snabbt", då blir det din tolkning.
Även ord som "jätte", är din tolkning. Alltså när du säger

jätteglad, jättearg, jättestor eller till och med pytteliten. Det är din tolkning och behöver inte vara fakta för någon annan. För att det ska bli fakta behöver du sätta det i relation till något som är mätbart.

Hur använder du egentligen känslor och tankar för att dra nytta av dem?

I denna bok får du läsa om hur du separerar tankar, känslor och fakta. Vad det finns för känslor och vad som är bra att känna till kring dem och hur du kan arbeta med dem. Här kommer verktygen och kunskapen för att skapa mer medvetenhet kring dina tankar och känslor. Andra boken handlar om att skapa förståelse för dina tankar och känslor. Här berättar jag om våra grundläggande känslor; glädje, ilska, sorg, ledsenhet och avsky. Men jag nämner även stress, chock och skam i denna bok då jag tycker att de är enormt stora och viktiga att känna till.

Dra nytta av dina tankar och känslor. Läs boken eller köp kursen för att fördjupa dig mer.

Övningar till Känslor och tankar i en salig röra:

Hur upplever du glädje? Ge även ett exempel på när du upplevt glädje?

Hur upplever du ilska? Ge även ett exempel på när du upplevt ilska?

Hur upplever du sorg? Ge även ett exempel på när du upplevt sorg?

Hur upplever du ledsenhet? Ge även ett exempel på när du upplevt ledsenhet?

Hur skiljer du på sorg och ledsenhet?

Hur upplever du avsky? Ge även ett exempel på när du upplevt avsky?

Hur upplever du stress? Ge även ett exempel på när du upplevt stress?

Har du upplevt skam, hur upplever du det? Om du kan, ge ett exempel på när du upplevt skam.

Kan du berätta om något tillfälle där du varit i chock och hur du då agerat? Har agerandet känts normalt för dig i efterhand?

Vad tror du är skillnaden på känslor och tankar?

Skiljer du på din upplevelse och vad som faktiskt är fakta?

Duger jag? - Allt börjar med mig

Känner du att du har tappat dig själv? Har du svårt att känna att du duger precis som du är? Det första som du behöver känna till är att oavsett vilken bakgrund du kommer ifrån är det möjligt att bygga upp både ditt självförtroende och din självkänsla. Däremot har din bakgrund gett dig olika verktyg till att påbörja detta arbete. Precis som med all personlig utveckling är det enklare för vissa och andra får kämpa lite mer innan de hittar sin väg att gå.
Din uppväxt lägger en första grund för dig och skapar dina första förutsättningar till hur ditt självförtroende och självkänsla ska byggas. Både din kultur och din sociala uppväxt påverkar dig fram till idag. Men just nu handlar det bara om hur villig du är att ta tag i det. Det du behöver nu är optimism, det är en av anledningarna till att denna bokserie började med just glädje. Optimism är nämligen din drivkraft i detta arbete. Det som ger den absolut bästa effekten på din personliga utveckling är att du är radikalt positiv till allt du gör. Ett positivt utgångsläge gör din personliga utveckling mycket enklare.

Oavsett vad du har för bakgrund, vad du har varit omgiven av eller utsatt för, är det du som behöver bestämma dig för om det ska fortsätta påverka dig. Det är bara du som kan ta tag i det och styra ditt liv i den riktning som du vill gå. Den enda som kan hindra dig från att gå den väg du vill, det är du själv. Du har förmågan att kunna förändra allt som du vill förändra. Men något som du bör vara medveten om är att ju hårdare en vana sitter i dig, desto mer arbete kommer att krävas av dig.

Här handlar det om att balansera både självförtroendet och självkänslan. Balansen är rubbad både om du ser ner på dig själv och när du sätter orimliga mål som du aldrig kommer att kunna leva upp till. Även om du går omkring och tycker att du alltid är ful, aldrig duger eller om du tror att du är snyggare än alla på jorden. Allt detta är en obalans i din självkänsla och ditt självförtroende.
När du har ett balanserat självförtroende och en balanserad självkänsla känner du att du duger precis som du är. Det finns inget behov av att vara den bästa, den snyggaste eller att uppleva att man är mindre värd. En balanserad självkänsla och ett balanserat självförtroende gör att vi känner att vi duger precis som vi är, även när vi misslyckas och ställer rimliga krav på oss själva i relation till utmaningarna vi hamnar i. Vi är då medvetna om våra gränser och vad som är rimligt att kräva vid utveckling.

När du har en obalans i ditt självförtroende eller din självkänsla stämmer sällan din självbild överens med vad andra ser hos dig. Men det är inget du kan använda som ett definitivt tecken på obalans.

Några tecken vid ett obalanserat självförtroende är att du:
- Tar dig an utmaningar som är orimliga för dig att klara, vilket leder till att du ofta misslyckas

- Aldrig tror att du ska klara av det du ska ta dig an
- Kritiserar dig själv hela tiden
- Hellre lämnar din plats till någon annan, någon bättre
- Slutar sätta egna mål, drivkraften minskar eller försvinner helt
- Börjar söka negativa delar både hos dig själv, andra och i din omgivning (hjärnan söker negativa mönster och tankebanor)
- Snabbt fäller ut taggarna i självförsvar när du får kritik
- Tror att alla vill vara med dig

Några tecken vid en obalanserad självkänsla är att du:
- Är rädd för att misslyckas
- Jämför dig med andra hela tiden
- Är rädd för vad andra ska tycka och tänka om dig
- Tror att andra tycker att du är sämre än gemene man
- Tror att du måste prestera för att duga
- Är en dålig förlorare
- Kritiserar dig själv, i tankar och/eller tal
- Har svårt för att ta emot beröm
- Känner dig som en bluff, tror andra ska komma på dig

Hur påverkad är du av yttre faktorer?

I denna bok får du lära dig skillnaden på självkänsla och självförtroende. Hur du kan känna igen en obalanserad självkänsla och ett obalanserat självförtroende. Vad du ska vara vaksam på och vad du själv bär på för verktyg, för att själv kunna börja arbeta med dessa. Tredje boken handlar om att skapa förståelse för att se sitt eget värde, hur mycket det påverkar inom dig och omkring dig.
Börja hitta dig själv i allt brus. Läs boken eller köp kursen för att fördjupa dig mer.

Övningar till Duger jag? - Allt börjar med mig:
Fundera över din bakgrund, har den stärkt dig som person eller har den skapat ett motstånd för dig?

Har du tecken på en obalanserad självkänsla, vilka?

Har du tecken på ett obalanserat självförtroende, vilka?

I en drömvärld, hur ser din självkänsla och ditt självförtroende ut?

Känner du någonsin att du duger, precis som du är?

Vid vilka tillfällen känner du att du inte duger?

Har du någon förebild idag? Varför är just den personen din förebild?

Har du människor omkring dig idag som lyfter dig?

Vad är dina största utmaningar idag för att nå dit du vill?

Vill du stärka din självkänsla eller ditt självförtroende?

Att rasera murar - Läkning inifrån

Känner du att du sitter fast? Går du omkring med minnen som skapar smärta för dig? Har du en massa beteenden för dig som du menar att du har för att du upplevt massor av saker?

Oftast går vi omkring med en hel del ohälsosamma murar som vi har byggt upp, som vi inte ens är medvetna om. Detta är ett system som vi alla har inbyggda, det finns där för att skydda oss i det korta loppet. Försöker vi hitta lösningar i ett triggat, stressat och sårat tillstånd är det oftast en ohälsosam mur som vi bygger upp, i någon form av tro på att det kommer att skydda oss. Men i längden kommer muren bara att skada.
Om vi däremot bygger upp något i en lugn, harmonisk och otriggad miljö kommer du ha större chans att kunna bygga upp hälsosamma begränsningar, som skyddar dig från att bli skadad i onödan.

Ett vanligt exempel på när det är en ohälsosam mur som byggts upp är när en person säger att deras ex sårat dem så mycket att de inte kan släppa in kärleken igen. De lever i en ständig rädsla och kommer att neka även hälsosam kärlek i det skedet. När en sådan person ändå väljer att gå in i en relation är det ganska vanligt att de utvecklar svartsjuka, börjar leta fel och börjar räkna med att bli sviken. Den personen kanske till och med säger saker som “alla lämnar mig” eller “alla killar/tejer är otrogna”.

Denna skyddsmekanism är bara byggd för att skydda oss i det korta loppet. Men om vi tillåter den att ta beslut om framtiden, då börjar vi bygga ohälsosamma murar.
Om vi går tillbaka till personen som blivit utsatt för otrohet, i det triggade skedet där personen behöver ha fokus på sig själv är det bra att vara själv och inte gå in i något nytt. Det är inte bra för personen att ta beslut om framtiden i ett triggat tillstånd. I längden, när vi börjat landa lite i det som hänt, då behöver vi utvärdera situationen och skapa ett hälsosamt skydd istället. Vi kan inte undvika smärta och motgångar om vi inte låter bli att släppa in glädje och kärlek. Men vill vi verkligen förlora allt som är fint, alla fantastiska stunder vi kommer att uppleva i livet, för att minimera risken att hamna i en smärtsam situation? Risken är att du får leva i smärtan hela livet då. Ju mer du lär dig av livet, desto mer kommer du att kunna undvika onödig smärta.

När vi skapat förståelse för hur detta system fungerar, då blir det lättare att identifiera våra murar men också att börja styra hur det ska fungera.
Har du hört uttrycket “Du kommer aldrig att uppleva mer än du klarar av”. Därför är du inte medveten om alla murar som du har byggt upp. Medvetenheten kommer när du är redo för att börja arbeta med den. Är du inte redo kommer du heller inte att bli medveten om att det finns en mur där.

Känner du igen när du har en mur?

I denna bok får du läsa om hur denna skyddsmekanism fungerar och då lära dig att känna igen dina egna murar. Var de kommer ifrån och hur du själv kan börja rasera dem. Sluta vara styrd av rädslan och släppa taget om det som varit. Hur går vi vidare, när vi går och bär på djup smärta? Fjärde boken handlar om att identifiera dina oläkta sår, skapa förståelse för dem och hjälpa dig att kunna börja gå vidare.
Det är dags att släppa taget om det som har varit. Läs boken eller köp kursen för att fördjupa dig mer.

Övningar till Att rasera murar - Läkning inifrån:
Om du tar beslut när du är hungrig, arg, triggad och dessutom trött, tar du då ett bra och långsiktigt beslut?

Om du tar ett beslut när du känner dig lugn, trygg, harmonisk och är utvilad, är det större chans för dig att ta ett bra och långsiktigt beslut då?

När är denna skyddsmekanism som nämns ovan bra att ha?

Är du rädd för kärlek? För att bli sårad?

Vilka smärtsamma minnen är det som oftast besöker dig?

Välj ett av dessa minnen, är du fortfarande triggad av händelsen?

För att titta vidare på det minnet, vad är det du kan ta lärdom av, utan att förneka dig kärlek och glädje i framtiden? Försök skilja på vad det är som verkligen sårar dig och vad som varit bra i den händelsen.

Använder du saker som hänt som en ursäkt för dina beteenden idag?

Under de sista två veckorna, vad har triggat dig? Vi är alltid i olika skeden och arbetar med olika saker. Genom att identifiera dina triggers just nu, kan du identifiera vad du arbetar med just nu och hjälpa till att arbeta med den processen.

Är du redo för att skapa förändringar som du vill uppnå?

Måste du tro på gud för att vara andlig?

Vad har andlighet och personlig utveckling gemensamt? Även om du inte är andlig finns det saker du kan dra fördel av inom andligheten när det gäller din personliga utveckling.

För att titta lite mer på vad andlighet är behöver du börja med att förstå att det är ett begrepp som nästan varje person ser olika på. Det jag utgår ifrån i denna bok är min syn på andlighet. Andlighet för mig är ett sätt att leva, hitta sig själv och få ett sunt förhållningssätt till andra människor och väsen som man väljer att ha runt sig. När man ser att varje person har rätt till sin egen person och sitt sätt att leva utan att det påverkar dig och dina beslut. En person som är trygg i sig själv är inte en person som går till angrepp mot andra. Men i denna lära ingår även att förstå att livet har utmaningar och det handlar om att acceptera både upp- och nedgångar. Att lära sig att hitta charmen med livet, bra som dåliga dagar. Nedstämdheten får dig att reflektera och motgångar får dig att växa genom saker, för att du utvecklas. Det är viktigt att vi har alla känslor och att de får finnas. Vi ska inte vara rädda för våra egna känslor, vi ska bara lära oss hur vi ska hantera dem på ett sätt som känns okej för oss. Det är egentligen inte känslorna i sig vi är rädda för, det är hur vi agerar när vi känner känslan.

För mig handlar andligheten om att levandegöra livet. Det är ett sätt att leva, som gör att du kan hantera livet från ett mer öppet synsätt.

När du börjar lyssna på din kropp kan du förstå saker innan det når ditt medvetna jag. Ta dig därför tid att lära känna din kropp. Hur känns det och hur beter du dig i olika känslotillstånd. Det är även viktigt var i kroppen du känner det. Kroppen berättar extremt mycket för dig, när du väl börjar lyssna. Här finns det mycket information att hämta när du är på din personliga utvecklingsresa. Kroppen kan berätta för dig om du är på rätt väg, på fel väg, inom vilket område blockeringen sitter, vad du behöver arbeta med, om det tillhör det förflutna/nutid/framtid och så mycket mer. Börja lyssna på kroppen och lär dig signalerna.

När du tittat på dig själv som tredje person ett tag kommer du att börja se en del signaler. Ju längre du gör detta, desto mer kommer du att kunna läsa av hos dig själv och börja förstå när kroppen ger dig signaler innan du ens är medveten om vad som händer. Den berättar för dig hur du kommer att må runt människor du möter, den kommer att berätta när du är på väg in i en utvecklingsfas, när du börjar stagnera, när du behöver börja ta tag i vissa saker, när du börjat tappa dig själv, när det är dags att vila, när du är på väg uppåt igen och så vidare.

När du börjar lyssna på din kropp och ökar din medvetenhet kan du även förstå när det är dags att börja arbeta med vissa saker, innan det ens faller i ditt liv och ditt medvetna jag. Du kan alltså börja arbeta förebyggande och då slippa falla speciellt djupt, när det kommer en utvecklingsfas i ditt liv. Tänk dig att kunna bli medveten om att det snart kommer en tuff period och vad det är du kommer att arbeta med. Då kan du börja jobba på det innan livet dalar. Då kan du bromsa upp och på så sätt inte falla speciellt djupt. Ju mer du lär känna dig själv, desto mer kan du bromsa upp, när det kommer en tyngre period.

Kan det vara värt att lära sig att förstå kroppen och hur den faktiskt signalerar allt till dig?

I denna bok får du läsa om hur du kan använda din kropp till din fördel genom din personliga resa. Hur du ska läsa av kroppen och vad olika områden i kroppen berättar för dig. Femte boken handlar om att skapa förståelse för hur du kan börja lyssna på din egen kropp och omgivning för att kunna se varningssignaler redan innan de har kommit till ditt medvetande.
Lär dig att läsa av dig själv och bromsa i tid. Läs boken eller köp kursen för att fördjupa dig mer.

Övningar till Måste jag tro på gud för att vara andlig:
Titta på dig själv som tredje person, titta nyfiket på vad din kropp berättar för dig i varje situation.
(Vad agerar du? Hur beter sig din kropp? Hur ser ditt kroppsspråk ut? När och hur andas du? Vad har du för känslor i kroppen osv.)

Gör detta när du känner dig
Obekväm
Glad
Trygg
Otrygg

Ledsen
Stressad
Rädd
Kär

När du känner en känsla, oavsett om du är själv eller med människor. Försök känna var i kroppen du känner känslan? Det kan ta tid att lära sig om du inte är van, börja gärna träna.

Finns det någon känsla du är rädd för, vilken och varför?

Vad är andlighet för dig? Om du skulle försöka förklara det som ett begrepp och utan att förklara din åsikt kring det.

Hur ställer du dig till det som jag kallar för andlighet?

Hur ställer du dig till det som andlighet betyder för dig?

Du är nyckeln -

Lösningar du bär på

Vilka verktyg går vi och bär på helt gratis? Ibland är lösningen lättare än vi tror och finns mitt framför oss.

En sak som är viktig att förstå, när det gäller våra egna nycklar, är att du kommer behöva olika nycklar vid olika tillfällen i livet. Vissa nycklar kanske alltid kommer att fungera och andra nycklar kommer att fungera under perioder i ditt liv. Ibland är vi inte redo för att använda vissa nycklar, det kan komma senare i livet. Vissa nycklar kräver lite mer livserfarenhet och självmedvetenhet.

Nycklarna jag kommer att prata om i denna bok är bara en liten del av alla nycklar som finns. Du kommer säkert att hitta nycklar som blir ganska personliga under din livstid. Det viktiga i denna resa är inte att dina nycklar ska fungera på alla. Det kommer de förmodligen inte att göra heller. Du kan tipsa andra om dina nycklar, om du vill. Men ta inte för givet att det kommer att fungera på alla andra bara för att det fungerar för dig, just nu. Det viktiga är egentligen att hitta det som fungerar för stunden. Att nyfiket utforska vad det är du behöver och hur du kan uppnå det. Ibland behöver du även ändra taktik, innan du kommit igenom din utvecklingsfas.

En akilleshäl som många människor går omkring och bär på är att de säger att de “inte har tid”. Men sanningen är den att vi har hela vårt liv att förbruka. 24 timmar per dygn som vi lever, att styra över. Vad är det egentligen vi inte hinner med? Vad är det dessa timmar, dagar, år inte räcker till? Allt handlar bara om hur du väljer att prioritera din tid. Vad är viktigt för dig just nu? Du kanske måste börja titta på vad du spenderar din tid på, för att hitta onödiga saker du gör för ofta. Om du vill hitta en lucka på kanske 30 min per dag, kan du diska varannan dag istället för varje? Kan du dammsuga någon dag senare än du brukar? Kan du lägga om dina vardagliga mönster för att få plats med det du vill få in? Finns det saker du kan sluta med? Finns det saker som du kan pausa en stund? Kan du kolla mindre på streamingtjänster, sociala medier?
När du fortsätter göra som du redan gör, kommer du inte att skapa en förändring! Vad är det som är viktigt, vad vill du få in mer av i ditt liv, vad behöver du prioritera just nu för att få livet att hamna närmare det du vill?

En annan sak som kan vara bra att känna till, handlar om vår trötthet. Det är i stort sett alltid ett gäng på en arbetsplats som är konstant trötta. Det du ska börja med är att ta reda på ungefär hur mycket sömn du behöver. En bra måttstock att ha i detta är tabeller efter din ålder, men du kan inte utgå helt 100% efter dem. Du får dock en riktlinje. Under en eller ett par veckor testar du att sova dessa timmar (varken mer eller mindre). Om det ändå inte hjälper, då handlar din trötthet inte om din sömn. Då kan det vara en obalans mellan aktivitet och återhämtning. Ger du dig själv utrymme för återhämtning? Ger du dig själv reflektionstid? Aktiverar du dig med aktiviteter som du mår bra av? Upplever du bara måsten?

När är du redo för att skapa den förändring du behöver?

I denna bok får du läsa om redskapen du redan besitter. Vi har alla inbyggda verktyg med oss i grunden. Det handlar bara om att du ska göra små justeringar. Du har lösningarna inom dig, du behöver bara se dem.
Sjätte boken handlar om att se sina egna verktyg och börja använda dem på rätt sätt för att lära sig att hantera sin vardag. Använd verktygen du har inom dig! Läs boken eller köp kursen för att fördjupa dig mer.

<u>Övningar till Du har nyckeln - lösningar vi bär på:</u>
Kan du nämna något som hjälpt dig förut, men som inte fungerar längre?

Kan du säga något som du använder dig av idag för att hantera något i din vardag?

Kan du säga något som fungerar för dig, men inte för din bästa vän? Och vice versa?

Finns det något du vill göra, men som du inte upplever att du har tid till?

Finns det något du behöver göra, men som du inte upplever att du har tid till?

Vad skulle du kunna göra för att skapa mer tid för sådant som får dig att må bra?

Finns det något du sätter åt sidan för alla måsten?

Är du ofta utvilad?

Har du en balans mellan aktivitet och vila i ditt liv?

Har du en balans mellan roliga aktivitet och måsten?

Har du reflektionstid varje dag? (Tid där du inte får intryck från människor eller skärmar)

Vad behöver du för att kunna reflektera och låta tankar vandra fritt?

Styr du ditt liv dit du vill att det ska gå?